DU
SALUT SOCIAL

PAR L'EUCHARISTIE

ET PAR LA DISPOSITION PROVIDENTIELLE AUX PÈLERINAGES.

LYON

IMPRIMERIE DE FÉLIX GIRARD

Grande rue de la Guillotière, 243

———

1874

DU SALUT SOCIAL

PAR L'EUCHARISTIE ET PAR LA DISPOSITION PROVIDENTIELLE

AUX PÈLERINAGES

Lorsque sur les flots de l'Océan un navire brisé par la tempête va être englouti par un nouvel ouragan, si un port ne s'offre à lui, le premier passager venu, qui aperçoit la terre, la fait connaître aussitôt par un cri de salut, afin que le vaisseau prenne cette direction, et tout le monde trouve l'intervention de cette voix très-naturelle.

La patrie qui nous porte tous, avec nos autels et nos foyers, a vu passer sur elle des orages destructeurs, et des courants funestes la poussent aux abîmes : elle court les plus réels dangers de périr.

Membre inconnu de la famille française, j'aperçois le salut, je l'aperçois à notre portée, je l'aperçois offert par la Providence, et je ne puis retenir le cri du dernier des passagers : Terre! terre! quand même l'équipage attentif aurait déjà découvert cet horizon sauveur. J'élève la voix pour faire part aux autres de mon bonheur et pour appeler toutes les forces à seconder l'équipage.

Or, voici comment ce port de salut s'aperçoit

du sein de la tempête. Il se voit par la simple attention aux cinq vérités suivantes :

Première vérité : Pour se sauver, il faut que la France redevienne chrétienne.

Deuxième vérité : Il n'y a pas d'autre moyen pour un pays d'être chrétien que celui de connaître Jésus-Christ et de l'aimer et de l'imiter.

Troisième vérité : Le moyen par excellence, donné par Dieu, pour produire dans toutes les âmes la connaissance, l'amour et l'imitation de Jésus-Christ, c'est la présence même de Jésus-Christ.

Quatrième vérité : L'unique moyen de profiter de la présence de Jésus-Christ, c'est la foi à l'Eucharistie et la pratique de l'Eucharistie.

Cinquième vérité : Rien n'est aussi propre en ce moment à raviver et à produire la foi à l'Eucharistie et la pratique de l'Eucharistie que la disposition providentielle aux pèlerinages où se trouve la France, si on applique cette disposition à des pèlerinages pour la glorification de l'Eucharistie dans les lieux, nombreux en notre pays, qui ont été favorisés de miracles eucharistiques.

Reprenons chaque vérité avec son développement.

I

Première vérité : Pour se sauver, il faut que la France redevienne chrétienne.

Ai-je besoin de démontrer cette nécessité? Mais elle se fait sentir sur tous les points. A la vue du gouffre du désordre social qui s'ouvre béant, tous les esprits éclairés par l'honnêteté ne sont-ils pas saisis de cette vérité pratique, aussi vieille que le monde, formulée de nos jours par le philosophe Cousin en ces termes : « Point de société possible sans morale, et point de morale possible sans religion; » et exprimée par la civilisation romaine en cet adage: « On pourrait plutôt bâtir une ville dans les airs qu'on ne pourrait constituer une société sans religion. »

Et l'arme du socialisme, avec laquelle il se croit invincible tôt ou tard, qui peut la briser? « L'homme, dit le socialisme, est fait pour le bonheur : c'est la vérité.— Or, il n'y a pas d'autre vie pour le lui donner. Donc le bonheur de ce monde doit être également partagé entre tous. » Qui peut détruire cette arme formidable? La foi seule.

L'expérience la plus accablante ne démontre-t-elle pas à tous les yeux que là où la religion disparaît, les subordonnés ne reconnaissent plus dans les supérieurs le droit de commander et de gouverner? Parce que l'autorité d'un homme sur un autre ne peut venir que de Dieu. Et les employés ne cessent-ils pas d'offrir la confiance nécessaire? Parce que la conscience est absente là où le sens religieux a disparu.

Et cette soif immense des jouissances sensuelles et matérielles dont l'apparition épouvante, qui peut l'empêcher de se répandre dans la société entière comme un déluge corrupteur? Cette vérité, comprise et goûtée : que le bonheur vient de l'intérieur et non pas de l'extérieur. Mais qui peut faire comprendre et goûter cette vérité? Rien autre que la connaissance et la pratique religieuses.

La France, tous en conviennent, est meurtrie et malade. Qu'on le remarque, la guérison chez tous les êtres n'est pas autre chose que leur rétablissement dans leur constitution native, Or, la constitution native du peuple français est chrétienne. Il a été baptisé, ce peuple, à sa naissance, et il a été élevé et formé dans les bras de l'Eglise.

Que dis je? Ce n'est pas seulement une guérison qui est nécessaire, mais encore une résurrection. Il s'agit pour les âmes d'être refaites, de cesser d'être mauvaises et de devenir bonnes : il faut qu'elles se dépouillent des erreurs de leur esprit, des affections mauvaises de leur cœur, des travers et dépravations de leur volonté, et qu'elles reprennent la vraie lumière de leur intelligence, avec la rectitude de leur jugement, la bonté et la pureté de leur cœur, la droiture et la force de leur volonté. Mais il n'y a que la grâce créatrice distribuée par l'Eglise, qui puisse opérer cette transformation.

Elevons plus haut nos pensées; et sans parler

de la justice de Dieu que nous devons apaiser, et de sa dignité trois fois sainte dont nous avons à réparer les offenses par notre conversion, faisons parler notre sens d'enfant de Dieu, la lumière de la grâce divine, les révélations de la communion et l'enseignement de l'Eglise, pour savoir ce que nous devons être.

Nous devons être comme Jésus-Christ : c'est la constitution de notre être, c'est notre destinée, c'est notre bonheur qui l'exigent.

Nous sommes faits pour avoir notre âme semblable à l'âme de Jésus-Christ, pour être enfant de Dieu avec lui, pour être ses frères ; et notre devoir est de nous inspirer de son esprit, de nous animer de ses sentiments et de reproduire ses traits dans notre intérieur. Tel est le résumé de l'enseignement du Sauveur, dans l'Evangile, et de ses apôtres dans les Epîtres.

Les trois vertus théologales, nécessaires à tous les hommes, nous obligent à posséder dans nos âmes, au moins l'essentiel des idées de Jésus-Christ par la foi, au moins l'essentiel de ses aspirations par l'espérance, et au moins l'essentiel de son amour et de sa volonté par la charité.

Le Fils de Dieu s'étant fait notre frère se trouve constitué, dans sa nature humaine, le type de l'homme, l'idéal de l'humanité, notre modèle complet.

Nous devons donc partager ses dispositions à l'égard de Dieu et à l'égard des hommes, avoir, en mesure évidemment moindre mais selon la mesure de notre âme, son amour pour son père et pour ses frères, sa véracité, sa justice, sa miséricorde, sa docilité filiale, sa belle chasteté, sa juste humilité, son esprit de pénitence, en un mot, avoir notre âme embellie des trésors de son âme, en attendant que le grand jour de la résurrection dote aussi notre corps des richesses de son corps ; nous devons posséder ses qualités dès cette vie et jouir, avec lui, de son bonheur pendant toute l'éternité.

N'est-ce pas ce que nous dit le premier bien à avoir, l'état de grâce, qui n'est pas autre chose que la possession de la beauté et de la bonté de l'âme de Jésus-Christ ?

N'est-ce pas ce que dit à tous l'état de chrétien, qui signifie être comme Jésus-Christ, non pas seulement de nom et en titre, mais d'esprit, de volonté, de sentiment, de cœur, d'âme, de destinée, en réalité, en un mot ?

O France ! c'est une vérité d'expérience, de tradition et d'enseignement divin que ta résurrection et ta vie ne peuvent se trouver qu'en Jésus-Christ !

II

Deuxième vérité : Il n'y a pas d'autre moyen pour le peuple français d'être chrétien que celui de connaître, d'aimer et d'imiter Jésus-Christ.

Il faut que nous soyons comme Jésus-Christ. Mais il n'y a que l'imitation qui puisse nous former sur ce modèle admirable. Or, on n'imite pas ce qu'on n'aime point, et on n'aime point ce qu'on ne connaît pas.

C'est pourquoi le premier bien à faire à la France, c'est de lui faire connaître Jésus-Christ, le lui faire connaître tel qu'il est, le lui faire connaître tout entier : lui faire connaître par conséquent qu'il est tout pour nous, qu'il est l'auteur de tout ce que nous avons et de tout ce que nous pouvons avoir de bien ; qu'il est la source de la vie religieuse et morale dans l'âme, qu'il est la source des remèdes pour les défauts et les vices, les plaies et les blessures de l'âme, la source des réparations et des expiations de tout le mal que nous avons pu faire, la source des qualités et des vertus qui nous manquent, la source des lumières et des forces surnaturelles ; la source de la vérité, du bien et du beau ; source toujours à notre disposition et à notre portée ; qu'il est le foyer de l'amour véritable, un abîme de dévouement et de tendresse ; qu'il est le sanctuaire de la justice et de la miséricorde se donnant le baiser de paix ; qu'il est notre Rédempteur, notre Médiateur, notre Réparateur, notre Sauveur ; qu'il est notre Maître le plus aimable et le plus attrayant ; qu'il est pour nous le père le plus aimant et la mère la plus tendre ; qu'il est notre frère le plus attaché, notre ami le plus dévoué, notre médecin le plus délicat, notre bienfaiteur le plus généreux, notre protecteur le plus puissant; qu'il a toutes les amabilités, tous les attraits; que nous trouvons en lui au degré suprême tout ce qui mérite l'attachement, et, dans la perfection la plus exquise, tout ce que les diverses puissances de notre être peuvent désirer; qu'il a toutes les perfections humaines et divines réunies; toutes s'harmonisant admirablement, mais permettant à la miséricorde, pour le moment, de s'excercer bien au-delà de tous les autres.

Ah! du moment que nous connaîtrons, que nous apprécierons, que nous goûterons le Fils de Dieu, nous ne pourrons pas nous empêcher de l'aimer. « Depuis que j'ai eu le bonheur de connaître Jésus-Christ, tout ce qui est sur la terre m'est à dégoût, parce que je trouve en lui, à un degré incomparablement supérieur, tout ce que le cœur peut désirer, » disait sainte Thérèse. « Une fois que j'ai eu connu Jésus Christ, rien n'a jamais été capable de me séduire, » disait le père Lacordaire. « Tu as bien écrit de moi, dit Notre-Seigneur à saint Thomas d'Aquin. Quelle récompense recevras-tu donc? — Pas d'autre que vous-même, Seigneur, répondit cette magnifique intelligence. » « Mon Jésus et mon tout! » Tel est le cri d'amour qui sort de toutes les âmes lorsqu'elles connaissent Jésus-Christ, tout entier.

Aimant donc notre modèle, d'un amour qui surpasse tous les autres, son imitation nous deviendra facile ; chérissant le plus attrayant des maîtres, nous pratiquerons de bon cœur ses enseignements. Car là où l'on aime, on ne trouve pas de peine, ou si la peine se fait sentir, on l'embrasse avec amour ; on trouve, selon la parole divine, le joug suave et le fardeau léger.

Oui, notre mère l'Eglise et les saints nos frères nous le répètent : connaître, aimer et imiter Jésus-Christ, c'est tout le chrétien ; c'est toute la guérison de notre être, et sa réformation et sa perfection ; c'est tout notre devoir et toute la religion ; c'est toute notre satisfaction, toute notre destinée, tout notre bonheur ; c'est l'unique salut du temps et de l'éternité.

III

Troisième vérité : Le moyen par excellence, donné par Dieu à la terre, pour produire dans toutes les âmes la connaissance, l'amour et l'imitation de Jésus-Christ, c'est la présence de Jésus-Christ lui-même.

O Eucharistie ! salut ! Mille fois salut d'admiration sans bornes, de reconnaissance éternelle, d'amour sans fin, d'adoration de toutes nos puissances ! Vous êtes le Grand Don de Dieu à la terre ; vous êtes le plus grand des miracles que Jésus-Christ ait fait ; vous êtes le résumé de toutes les bontés et de toutes les merveilles de Dieu envers nous !

Pourquoi n'apporte-t-on à tant d'amour et à tant de merveilles qu'une attention superficielle ? Car on connaît ces choses : l'aptitude du baptême, l'enseignement du catéchisme, les effets de la communion les ont révélées aux âmes. Pourquoi les âmes n'en sont-elles pas pleines ?

Ayons donc l'attention profonde et persévérante aux réalités que voici :

Nous possédons la présence de Jésus-Christ comme la possédaient Marie et Joseph dans la maison de Nazareth, comme en furent gratifiés les bergers et les mages à Bethléem, comme en jouirent les contemporains de ce dévoué Sauveur qui conversaient avec lui, comme l'avaient les apôtres à la Cène, les saintes femmes et le bon larron sur le Calvaire, les témoins de l'Ascension, et les heureux disciples qui, après la résurrection, recevaient ces visites où le divin distributeur de la lumière et de la vie ouvrait leur sens religieux et embrasait leur cœur.

Mais c'est la même présence que nous possédons, la même présence aussi réelle, aussi vivante, aussi influente, aussi dévouée, quoique invisible.

Sur l'autel, à la messe, ce cher Sauveur exprime les mêmes sentiments à son père que sur le Calvaire et il exerce envers nous la même action de salut, déploie le même dévouement envers les assistants qu'envers le bon larron, le centurion et les autres personnes qui assistaient à son sacrifice du Golgotha.

Et à la communion, c'est de sa part la même bonté ineffable, la même tendresse, le même épanchement d'amitié, la même donation de tout lui-même qu'à la Cène envers ses apôtres.

Et dans le tabernacle, nous avons le même rayonnement sur nos âmes de ses qualités, de ses lumières, de sa vie, qui s'opérait sur les âmes de Marie et de Joseph dans l'intérieur de Nazareth. Il est toujours le même soleil des esprits, répandant avec profusion ses rayons bienfaisants dans ceux qui ne lui offrent pas d'obstacles et qui veulent s'ouvrir.

Et la bénédiction du Saint-Sacrement, nous nous trouvons en présence de la même effusion de cœur qu'il déployait au jour de son Ascension, lorsque, élevé de terre, il bénissait les assistants.

Enfin, à l'exposition du Saint-Sacrement, ce Dieu d'amour se présente à nous avec la même affection avec laquelle il apparaissait à ses apôtres après sa résurrection pour leur faire part des conquêtes de sa croix et des richesses de sa vie glorieuse.

O bonheur supérieur à celui des contemporains! Nous pouvons avoir en un seul jour toutes les présences de faveur dont ces privilégiés ont été successivement gratifiés : la présence de la vie intérieure de famille de ce divin

Sauveur auprès du tabernacle, la présence de son sacrifice du Calvaire à la messe, la présence de sa donation de lui-même de la Cène à la sainte Table, la présence de ses visites et de ses bénédictions à l'exposition et à la bénédiction du Très-Saint-Sacrement.

Ajoutons à tout ce bien moral, religieux, surnaturel, produit et répandu dans les âmes par la présence du Fils de Dieu, l'aide le plus puissant prêté au libre arbitre de l'homme par cette même présence.

Qu'est-ce qui stimule, seconde et soutient le mieux le libre arbitre? C'est l'exemple : car l'exemple attire, encourage, entraîne. Rien au monde n'a la vertu de favoriser le libre arbitre comme l'exemple. Et plus l'exemple est donné de haut, plus son effet est efficace.

Or, Jésus-Christ, dans l'Eucharistie, nous donne l'exemple de toutes les vertus : d'abord des deux plus admirables, qui contiennent toutes les autres, l'amour de Dieu et l'amour du prochain ; car c'est uniquement par amour pour son Père et pour ses frères qu'il réside, se sacrifie et se donne dans le Très-Saint-Sacrement. De plus, il donne en particulier l'exemple de chaque vertu sociale : de la douceur et de l'humilité de cœur, de l'obéissance et de la patience, de la commisération et du pardon des injures, de la générosité, du dévouement, du sacrifice.

La vérité, la vie, et la direction, voilà ce qui

partout et toujours sort, comme un fleuve intarissable, de la présence de Jésus-Christ parmi nous. N'est-il pas évident qu'aucune source ni aucun canal ne procure aux hommes sur la terre de pareils biens ?

Donc le moyen par excellence, donné par Dieu, pour produire dans toutes les âmes la connaissance, l'amour et l'imitation de Jésus-Christ, c'est la présence de Jésus-Christ lui-même.

C'est le culte de l'Eucharistie qui fait chanter aux âmes le bonheur ineffable que faisait entendre saint Paul : « Je vis, mais ce n'est plus moi qui vis, c'est Jésus-Christ qui vit en moi ! »

IV

Quatrième vérité : L'unique moyen de profiter de la présence de Jésus-Christ, c'est la foi à l'Eucharistie et la pratique de l'Eucharistie.

Pas besoin de développement pour cette quatrième vérité de notre démonstration. Elle apparaît dans tout son jour. Qui peut, en effet, profiter d'un bien qu'il n'emploie pas ? Et qui peut employer un bien qu'il ne connaît pas ? La connaissance de la présence du Sauveur par la foi à l'Eucharistie et l'emploi de cette présence par la pratique de l'Eucharistie sont donc évidemment nécessaires.

Mais, remarquons-le bien, il s'agit de la foi

pleine et ferme, de la foi par laquelle l'âme connaît, demeure convaincue et reste fidèle à cette connaissance malgré les ténèbres ou les affaissements de l'épreuve.

Il s'agit aussi de la pratique pieuse, éclairée et fréquente, de la pratique qui procède avec respect, vénération et adoration, avec humilité, confiance et amour.

Il s'agit, en un mot, du culte complet de l'Eucharistie, de la visite au Saint-Sacrement, de l'assistance au sacrifice de la messe et de la communion, du culte tel que le demande le dessein d'amour qui nous a dotés de cette admirable institution.

Oh ! comme la jeunesse aurait sa vertu préservée dans l'épanouissement de sa vie et le développement de ses rapports sociaux ! comme le peuple serait content dans son sort ! comme les classes supérieures useraient de leur influence et de leurs ressources pour le bien et pour le salut ! si toutes les âmes avaient le culte de l'Eucharistie, si toutes venaient auprès du tabernacle prendre la force et la direction de la grâce divine le matin, se rafraîchir et se retremper le soir après les labeurs et les soucis, ou dans une visite de la journée s'ouvrir à Notre-Seigneur, le prier de s'épancher dans son âme, recevoir ses communications, s'inspirer de ses exemples ; si toutes employaient un moment libre chaque jour à la plus belle et à la plus fructueuse des actions, l'action du saint sacrifice de la messe, si toutes avaient souvent à cœur de prendre la substantielle nourriture de l'hostie, de se plonger dans le bain de vie et de vertu du sang divin !

Mais c'est ce qui s'opère sous nos yeux dans une petite sphère. Nous voyons ces consolantes choses chez ces domestiques au visage vertueux et content, chez ces hommes qui sont des chrétiens à toute épreuve, chez ces femmes dont la vie au milieu du monde est toujours animée de la religion. Toutes ces âmes pratiquent assidûment le culte de l'Eucharistie, et par l'Eucharistie elles sont complètes et fermes dans la vie chrétienne.

Pourquoi ce bien ne s'étendrait-il pas, ne se généraliserait-t-il pas ? Nous allons voir que la chose est providentiellement réalisable à l'heure qu'il est.

V

Cinquième vérité : Rien n'est aussi propre en ce moment à raviver et à produire la foi à l'Eucharistie et la pratique de l'Eucharistie que la disposition providentielle aux pèlerinages où se trouve la France, si on applique cette disposition à des pèlerinages pour la glorification de l'Eucharistie dans les lieux, nombreux en notre pays, qui ont été favorisés de miracles eucharistiques.

Si on amène cet évènement béni, voici les effets qui se produiront.

Ces pèlerinages, sillonnant la France du levant au couchant, du septentrion au midi, formeront comme autant de courants qui remueront sur leur passage les âmes dans leurs profondeurs, toucheront vivement leur sens de l'Eucharistie, écarteront de ce foyer les cendres qui peuvent le couvrir, et feront épanouir sa lumière et sa chaleur.

Ce mouvement des fervents catholiques produira un souffle qui passera sur la France, élèvera les esprits et les cœurs, poussera les idées à apprécier, et le sens religieux à goûter ce grand don de Dieu à la terre, ce prodige de dévouement et d'amour, cette ressource universelle offerte à tous, qui a nom Eucharistie.

Par le retentissement de ces manifestations aux quatre coins de la France, l'opinion publique sera saisie de la grande vérité de l'Eucharistie, et l'attention avec la réflexion, se portant sur ce point, produiront des fruits innombrables de salut. Car la stérilité, qui règne autour de l'Eucharistie, provient surtout, pour employer le langage de l'Esprit-Saint, *de ce que personne* — presque — *ne réfléchit avec son cœur* sur cet admirable don offert aux hommes.

Ceux qui prendront part à cette glorification

du plus grand des bienfaits et à cette amende
honorable pour le plus étonnant des oublis,
verront leur foi à l'égard de ce premier de tous
les sacrements se dilater ; ils la sentiront se
retremper ; leur âme deviendra possédée du
culte de l'Eucharistie, et de cette âme heureuse
sortira, à son retour parmi les siens, un feu
sacré qui produira, dans chaque paroisse, un
effet pratique et durable, la dévotion par excellence, la dévotion au Saint-Sacrement. Les
œuvres eucharistiques, confréries d'hommes en
l'honneur du Saint-Sacrement, adorations per-
pétuelles, adorations nocturnes recevront de ce
mouvement de la France une vitalité et une
extension des plus consolantes. La pratique de
la prière à l'église, le matin et le soir, se mul-
tipliera. Les visites au Saint-Sacrement se suc-
cèderont sans cesse. L'assistance sur semaine à
l'auguste sacrifice passera du petit troupeau au
grand nombre. L'empressement à profiter de
l'exposition de Notre-Seigneur et de sa bénédiction dans le sacrement de son amour envahira
les cœurs. Le recours suffisant et persévérant
des âmes à la divine communion, pour s'abreu-
ver largement à cette source des remèdes, de la
vie, des forces et des qualités, apparaîtra dans
des multitudes.

Ainsi profitera-t-on plus que jamais de la
présence d'amour du Fils de Dieu. Cette présence dès lors, plus que jamais, produira la

connaissance, l'amour et l'imitation de Jésus-Christ.

Ainsi la France redeviendra chrétienne, et avec ce retour tous les biens désirables lui seront donnés par surcroît.

Mais, demandera-t-on, où sont les lieux témoins de cette manifestation du Fils de Dieu dans l'Eucharistie, qui puissent devenir des centres de pèlerinage pour la glorification de ce dévoué Sauveur dans le sacrement de son amour?

Paris, Avignon, Douai ont eu cette faveur de Notre-Seigneur, et en présentant les preuves à profusion. Favernay au diocèse de Besançon, et Pézilla au diocèse de Perpignan ont vu cette manifestation de Jésus-Christ, et conservent encore les hosties miraculeuses. On compte, dans notre France, plus de cinquante localités qui ont été gratifiées de ce bienfait, le miracle eucharistique.

Un saint personnage (1), dont les écrits multipliés et accessibles à toutes les intelligences répandent partout la forte lumière de la vérité et l'onction de la piété, travaille en ce moment à doter le public du récit authentique, quoique abrégé, de ces manifestations de Notre-Seigneur dans l'Eucharistie en France. O vertueux et dévoué serviteur de Jésus-Christ, que votre

____

(1) Mgr de Ségur.

plume soit rapide comme celle du Psalmiste, pour nous faire part bientôt des merveilles dont elle a connaissance !

Mais, objectera-t-on, comment soulever la France pour une pareille glorification de l'Eucharistie?

La France s'est bien levée en pèlerinage pour glorifier la présence de la sainte Vierge à la Salette, à Lourdes, à Pontmain, et la présence de Notre-Seigneur apparue, il y a deux cénts ans, à la bienheureuse Marguerite-Marie.

La France a été émue de ces présences de prévenance, de miséricorde, d'amour, de faveur, et de ces manifestations des richesses du Cœur de Jésus.

Pourquoi la France ne se lèverait-elle pas pour glorifier la présence, non pas seulement passagère, mais permanente du Sauveur des personnes, des familles et des peuples? Ne peut-elle pas être plus émue de cette présence toute de dévouement, d'exercice de miséricorde, d'expansion d'amour et de communication de vie?

N'omettons pas de voir le but de la Bienheureuse Vierge, notre Mère, dans ses apparitions. Elle n'est intervenue que pour nous conduire à son Fils. Elle est médiatrice pour suppléer à notre insuffisance et nous faire trouver et posséder l'unique lumière du monde, l'unique vie des âmes, l'unique salut des hommes, le Fils de Dieu Notre-Seigneur Jésus-Christ.

N'omettons pas de remarquer que ce divin Sauveur ne nous a ouvert son cœur que pour nous attacher à toute sa personne qui nous est offerte dans l'Eucharistie.

Et qu'on ne craigne pas l'incrédulité et l'indifférence. La France a tout ce qu'il faut pour répondre à cette invitation. Une des fibres les plus sensibles en elle est le sens de l'Eucharistie, et une des voix qui peuvent le plus trouver d'écho dans son âme, c'est la voix du sacrement d'amour de Jésus-Christ, parce que la France a le cœur généreux et que Jésus-Christ s'est révélé à son cœur dans la communion. Aussi, malgré les affreuses tourmentes de la Réforme et de la Révolution, est-elle restée jusqu'à l'héroïsme fidèle à l'Eucharistie.

Même les âmes qui ont mal reçu ce sacrement d'amour répondront à l'invitation et au souffle du Saint-Esprit, parce que Notre-Seigneur, malgré ce mauvais traitement de leur part, leur a montré une miséricorde exquise, une amitié ineffable, un attachement héroïque qui veut leur pardonner et les aimer.

On trouve de ce parfum de l'Eucharistie jusque dans des âmes dont la séparation d'avec Dieu est presque désespérante: comme chez cet agriculteur des environs de Paris, assez dégénéré pour adorer le soleil comme l'auteur de ses récoltes, et qui redisait en confidence à un prêtre les actes d'avant et d'après la communion, dont, il avait conservé le souvenir, heureux pour son âme: comme cet homme qui avait laissé toute pratique catholique et qui entrait dans l'église où il avait fait sa première communion chaque fois que ses pas le conduisaient en ce lieu: comme cette mère de famille qui refusait le prêtre dans sa maladie mortelle et qui proclamait en même temps, avec un accent de sincérité à transpercer l'âme que le plus beau jour de la vie est le jour de la première communion.

Qu'on ne craigne pas, et le Saint-Esprit qui a soulevé ces multitudes qu'on a vues accourir pleines de foi dans une petite ville du Brionnais, qu'elles ignoraient la veille, poussera encore plus efficacement les âmes à la glorification de l'Eucharistie.

Et qu'un seul but patriotique soit dans ce mouvement: le but de faire redevenir la France chrétienne; ce but seul et pas d'autre. Tous les biens nous reviendrons avec cet heureux retour, selon la promesse divine !

Puis que le grand but religieux soit la glorification de l'Eucharistie et l'amende honorable au plus méconnu des amours.

Les autres nations imiteront, sur ce point, le peuple français, initiateur par excellence, et la France sera bénie une fois de plus et de Dieu et des hommes.

Seigneur Jésus, qu'il en soit ainsi!!! qu'il en soit ainsi !!!

Les Annales du Saint-Sacrement, qui sont nées et ont toujours vécu pour la glorification de la présence de Notre-Seigneur, prêteront avec bonheur leur publicité à l'extension, à l'alimentation et à la direlion de ce magnifique mouvement des âmes vers l'adorable Eucharistie.

Extrait des *Annales du Saint-Sacrement* (1).

Vu et approuvé :

DE SERRES, *ch.*

Lyon, le 9 mars 1874.

---

(1) Les *Annales du Saint-Sacrement* paraissent régulièrement chaque mois, en une livraison de 36 pages in-18, avec couverture imprimée, et forment à la fin de l'année un beau volume de 432 pages.

Le prix de la souscription est de 1 fr. 20 c. pris au bureau, ou de 1 fr. 50 c. par la poste.

On ne souscrit que par dix abonnements à la fois, soit 15 fr. par dizaine.

Les années déjà parues forment quinze volumes, au prix de 22 fr. 50 c.

Chaque volume se vend séparément 1 fr 50 c.

On s'abonne à Lyon, chez M. FÉLIX GIRARD, libraire-éditeur, aux Hirondelles (Guillotière).

LYON. — Imprimerie de FÉLIX GIRARD.